NOTICE HISTORIQUE

SUR

Le Docteur Foderé.

NOTICE HISTORIQUE

SUR LA VIE ET LES TRAVAUX

DU PROFESSEUR FODERÉ

DOCTEUR EN MÉDECINE

Par le Docteur A. Mottard

MÉDECIN ET CHIRURGIEN.

CHAMBÉRY

DE L'IMPRIMERIE DE PUTHOD, AU VERNEY.

1845

NOTICE HISTORIQUE.

A l'époque de la mort de M. François-Emmanuel Foderé, professeur de médecine légale et de maladies épidémiques à Strasbourg, tous les journaux exprimèrent les plus vifs regrets de la perte immense que la science et l'humanité venaient de faire, et furent unanimes dans les louanges qu'ils donnèrent à celui que la mort venait d'enlever.

La patrie de Foderé prit une part spéciale au deuil général, et paya un juste tribut de regrets à l'un de ses plus illustres enfants. J'adressai, dans ce temps-là, au *Journal de Savoie*, un article nécrologique qui fut accueilli avec bienveillance non-seulement en Maurienne, mais encore dans toute la Savoie, fière de compter une nouvelle illustration et de l'enregistrer à la suite des François de Sales, des Favre, des Vaugelas, des de Maistre, des Michaud, des de Boigne, des Berthollet, et de tant d'autres hommes distingués.

La réputation de Foderé a grandi depuis sa mort ; ses œuvres se sont répandues, et elles excitent l'admiration des jurisconsultes comme celle des médecins. Aussi a-t-on manifesté en plusieurs lieux le désir qu'il fût ouvert une souscription pour faire élever, dans sa ville natale, un monument à sa mémoire. C'est dans le but de favoriser cette entreprise, que je livre aujourd'hui au public une Notice sur la vie et les travaux de cet homme illustre ; heureux si je puis contribuer à faire apprécier de plus en plus ses services, ses talents et ses vertus.

François-Emmanuel Foderé naquit à St-Jean-de-Maurienne (Savoie), le 8 janvier 1764. Ayant perdu son père avant de naître, il fut élevé par sa mère, femme pauvre, mais laborieuse et sévère. Dès son bas âge, il donna des preuves d'un jugement solide et surtout d'une mémoire prodigieuse ; il citait avec la plus grande facilité de longs fragments des discours qu'il venait d'entendre. Ses condisciples racontaient que Foderé ne mettait pas plus de temps pour étudier ses leçons, qu'il n'en fallait pour aller de chez lui au collége.

Le chevalier de Saint-Réal, intendant de la Maurienne, instruit des brillantes qualités de cet enfant, voulut le voir et l'entendre. Jugeant que cette petite plante était destinée à prendre un grand développement et à porter de bons fruits, il s'appliqua à l'élever. Il servit de protecteur et de père au jeune Foderé ; il l'initia à diverses connaissances, et spécialement à celle de la minéralogie, qu'il cultivait avec beaucoup de succès.

Lorsque Foderé eut terminé ses études classiques au collége de St-Jean, il se décida à entrer dans la carrière de la médecine, et obtint une place gratuite au collége royal des provinces, à Turin, où il fut gradué le 12 avril 1787, à l'âge de 23 ans.

Son application et ses succès le firent remarquer du roi Victor-Amédée III, qui lui accorda, lorsqu'il eut pris ses grades, une pension pour voyager pendant trois ans, et se perfectionner dans les études de son art. Deux mois après, le 11 juin, il partit à pied pour la France, se rendit à Paris, où il vécut retiré et modeste, ne fréquentant que les hôpitaux, recherchant toutes les sources d'instruction, et se nourrissant des leçons des grands maîtres. Il employait une partie des nuits à l'étude, et déjà en 1788, il publiait son *Traité du Goître et du Crétinisme*, et dédiait cette première production de sa plume au monarque généreux qui lui avait procuré les moyens d'accroître ses connaissances.

Une année après, Foderé fit paraître trois autres ouvrages, dont voici les titres : 1° *Recherches sur la nature de l'acide fluorique ;* 2° *Analyse du spath-fluor de l'île de Corse ;* 3° *Expériences sur l'acide muriatique distillé, sur les oxides de divers métaux comparativement avec le manganèse.*

En quittant Paris, il fit un voyage en Angleterre et visita les hôpitaux de Londres. Rentré dans sa patrie en 1790, il fut nommé médecin-juré du duché d'Aoste et du fort de Bard. De là il se transporta en Faucigny, où il analysa diverses eaux minérales.

Après la réunion de la Savoie à la France, Foderé fit partie de l'armée d'Italie, en qualité de médecin. Arrivé à Marseille avec le corps de troupes commandé par le général Carteaux, il fut logé chez M. Moulard, médecin de l'Hôtel-Dieu, doyen de l'ancien collége de médecine de cette ville. Ce praticien distingué, juste appréciateur du mérite de Foderé, lui accorda la main de sa fille aînée, âgée alors de 17 ans. Le mariage fut célébré le 5 février 1793. Presque dans le même temps, Jean Bernadotte, depuis roi de Suède, et Joseph

Bonaparte, qui, plus tard, fut roi d'Espagne, épousèrent les sœurs Clary, cousines germaines de la femme de Foderé.

Peu de temps après, il fut envoyé à l'armée des Alpes. Nommé membre de la Commission de santé du département des Hautes-Alpes, il publia, à Embrun, en l'an III de la République, un *Mémoire sur les affections scorbutiques de la bouche*, endémiques dans cette contrée.

Cette mission accomplie, il retourna à Marseille et y fit imprimer, en l'an IV, son *Essai sur la phthisie pulmonaire*. Il remplit les fonctions de médecin de l'Hospice d'humanité et de celui des insensés, et enseigna dans cette ville l'anatomie et la physiologie.

Depuis long-temps Foderé méditait une œuvre à laquelle il attachait justement la plus haute importance. Frappé de l'insuffisance des secours que la médecine prêtait aux lois, il réunit en corps de doctrine tout ce qui lui avait été indiqué par de nombreuses expériences et de profondes études, et composa son savant *Traité de médecine légale*.

Au commencement de l'an III, il adressa son manuscrit au Comité d'instruction publique de la Convention, et n'en reçut aucune réponse ; mais l'année suivante, ce travail fut soumis à l'Institut, et la commission chargée de l'examiner, en fit, dans son rapport, une critique sévère mêlée d'éloges. Il retoucha son ouvrage, donna plus d'étendue à son plan, cherchaà lui donner plus d'ordre et de clarté, et enfin, sans attendre d'autres encouragements, ni d'autre récompense que le plaisir d'avoir fait le bien, il livra son manuscrit à l'impression, et l'ouvrage parut en l'an VII, sous ce titre : *Les lois éclairées par les sciences physiques, ou Traité de médecine légale et d'hygiène publique.*

Les autres œuvres de Foderé l'avaient déjà placé au rang des hommes les plus éminents par leur science; mais son *Traité de médecine légale* fut son véritable titre de gloire, et lui assura l'immortalité. Avant lui, on ne possédait sur cette branche importante des connaissances humaines que des matériaux épars et incomplets ; il créa pour ainsi dire une science nouvelle, et mérita d'être surnommé par les Académies et par les Facultés de médecine, *le père de la médecine légale.*

La même année, il fut nommé professeur de physique et de chimie à l'école centrale de Nice, et en remplit les fonctions jusqu'au moment où elle fut supprimée. Nommé alors directeur de la première école secondaire qui succéda au lycée, il y professa la philosophie, et, médecin de l'hospice civil et militaire, il donna des cours d'anatomie et de physiologie.

En l'an VIII, il fit paraître divers Mémoires de médecine pratique, 1° *Sur les Maladies auxquelles*

les *troupes ont été sujettes dans le Mantouan ;* — 2° *Sur le Quinquina ;* — 3° *Sur la Diarrhée des jeunes soldats;* — 4° *Sur l'Epidémie de Nice*, etc. Il donna aussi une nouvelle édition de son *Traité sur le Goître et le Crétinisme.*

En l'an XI, il fut chargé par le gouvernement de la *statistique des Alpes maritimes* ; travail long et pénible, hérissé de dangers, et pour lequel, parcourant à pied jusque sur leurs plus hautes sommités et dans leurs plus profonds réduits ces montagnes et ces vallées sauvages, il dut maintes fois à son courage et à sa présence d'esprit la conservation de sa vie. Il fit aussi pour ce travail de nombreux sacrifices et de grandes dépenses qui ne lui furent jamais remboursées. Malgré les encouragements et une lettre flatteuse du ministre de l'intérieur Chaptal, il ne voulut pas publier les résultats de ses longues et minutieuses recherches, et ne les fit paraître qu'en 1821, sous le titre de *Voyage aux Alpes maritimes.* Au lieu de dédier cet ouvrage à ceux qui auraient pu lui procurer des faveurs et de la fortune, il le dédia à sa vertueuse compagne, à celle qui l'aidait à porter les peines de la vie et à marcher dans la ligne de l'honneur et du devoir. « Ton âme élevée, dit-il à sa femme, a souvent
« soutenu mon courage. Tu n'ignorais pas que les
« sentiments généreux, que la science sans basses-
« ses, la vertu sans intrigues, la vérité sans men-

« songe, ont presque toujours conduit à la pauvreté
« objet d'effroi pour nos contemporains; et la pauvreté
« ne t'a pas effrayée !... »

L'an XII, Foderé fut nommé membre du Jury d'instruction publique du département des Alpes-Maritimes, et le 29 brumaire, membre du premier Jury médical de ce département.

En 1804, il devint médecin de l'hôpital des Martigues. Il était aimé dans ce pays comme dans tous ceux qu'il a habités. Bien des années après l'avoir quitté, faisant un voyage dans le midi de la France, il voulut revoir la ville des Martigues. A la nouvelle de son arrivée, tous les habitants se portèrent sur son passage pour jouir de sa présence, et lui témoigner avec effusion de cœur la satisfaction qu'ils éprouvaient de revoir celui qui avait si bien mérité leur amour et leur reconnaissance.

Pendant que Foderé demeurait aux Martigues, le roi d'Espagne, Charles IV, arrivé malade à Marseille, instruit de sa haute réputation médicale, le manda près de lui, le choisit pour son médecin consultant, et, à son départ pour Rome, il voulut l'emmener; mais Foderé refusa, ne voulant pas abandonner sa famille et quitter les Martigues. Son séjour dans cette ville fut marqué par la publication de deux nouveaux ouvrages. L'un, qui est de 1806, a pour titre : *Essai de physiologie positive*, et l'autre, qui est de 1808, est

un traité *De apoplexiâ*. M. Bégin, professeur à la Faculté de Strasbourg, rendit à l'*Essai de physiologie positive* une éclatante justice, dont on trouve un témoignage remarquable dans l'éloge de Foderé qu'il prononça dans une séance publique de la Faculté de médecine; il s'y exprimait ainsi : « Combien de vérités
« de détail Foderé n'a-t-il pas mises en lumière !
« Combien son livre inestimable ne contient-il pas
« de faits alors contestés ou inaperçus, et qui,
« démontrés depuis, ont fait la fortune de récentes
« célébrités !... Tels sont, entre beaucoup d'autres,
« des points importants de doctrine sur lesquels Fo-
« deré devança de long-temps des travaux considé-
« rés depuis comme entièrement originaux. »

Vers le même temps, Ferdinand VII, roi d'Espagne (par l'abdication de Charles IV), détenu avec son frère don Carlos et don Antonio, leur oncle, au château de Valençay, demandait au gouvernement la faveur d'avoir pour médecin celui qui avait sauvé la vie à son père. Les princes prisonniers sollicitèrent long-temps ; enfin, en 1811, Foderé fut autorisé à se rendre auprès d'eux ; mais, arrivé à Lyon, il y reçut contre-ordre de l'empereur. Il dut alors à l'amitié de M. Sauzet, sous-préfet de Trévoux, de devenir médecin de l'hospice de cette ville, où il séjourna une année avant d'obtenir la permission de poursuivre son voyage à Valençay.

Arrivé dans ce château, il y vécut dans l'intimité des princes, compatit à leur sort, et chercha à alléger la tristesse de leur situation. Il appréciait surtout don Carlos, prince doux, affable et studieux, qui se plaisait dans sa société, et qui le perfectionnait dans la langue espagnole, tandis que le prince recevait de lui des leçons de latin.

Mais ce séjour ne pouvait convenir au caractère de Foderé. L'espionnage couvrait d'un voile noir le château de Valençay. Continuellement interrogé par les agents de la police, observé jour et nuit dans toutes ses démarches, ne pouvant parler des princes et des vertus qu'il remarquait en eux, il sollicita, et obtint au commencement de 1813, la permission de les quitter.

Il fit alors un voyage à Paris, pour y diriger l'impression de son *Traité de médecine légale* (en six volumes.) Ecoutons M. Bégin parler de cet ouvrage:
« Lors de son premier voyage à Paris, les leçons de
« Louis sur plusieurs questions de médecine légale,
« et les débats encore brûlants de plusieurs procès
« célèbres, développèrent en notre collègue un goût
« qui ne se démentit plus pour la science qu'il devait
« créer en quelque sorte, et livrer toute formée à la
« méditation du monde savant... C'est à ces titres
« que notre collègue a dignement mérité le surnom
« désormais consacré de PÈRE DE LA MÉDECINE LÉGALE;

« car son livre, le premier en ce genre, a servi de
« point de départ et de modèle à tous ceux qui se sont
« succédé depuis sur le même sujet. »

Un concours fut ouvert à Strasbourg, pour la chaire de médecine légale. Foderé, déjà au déclin de la vie, célèbre par ses nombreux travaux, fut avide d'une gloire nouvelle. Enseigner publiquement cette science objet chéri de ses études, était sa seule ambition. Il quitta sa famille qu'il avait ramenée en Provence, et partit. Ni la grandeur de l'entreprise, ni la longueur du voyage, ni l'embarras des routes interceptées par les armées ennemies, qui le forcèrent à se détourner et à traverser les Vosges et la Lorraine, rien ne l'arrêta.

Enfin il arriva à Strasbourg où, dans la cinquantième année de sa vie, il soutint, avec toute la vigueur de la jeunesse, les pénibles épreuves d'un concours pour une chaire qui aurait dû lui être assignée sans aucune formalité, puisqu'il était le *créateur* de cette science. Il avait trois concurrents d'un rare mérite et déjà connus par des travaux d'une haute importance. Voici comment s'exprime à cet égard M. Ehrmann, dans l'éloge funèbre du professeur Lobstein : « La
« chaire de médecine légale, devenue vacante en
« 1814 par la mort du titulaire, ouvrit une arène où
« descendirent de nobles combattants. Un concours
« fut institué, Lobstein s'y présenta. Il fallait la ré-

« putation européenne dont avait été précédé le vé-
« nérable Foderé, pour faire échouer cette fois-ci le
« savant alsacien ; et tel est le singulier sort qui s'at-
« tache aux choses d'ici-bas, que nous avons à pleu-
« rer le vainqueur et le vaincu, et que la même so-
« lennité est destinée à rappeler l'honorable carière
« de l'un et de l'autre. »

Le parti protestant qui voulait faire nommer un sujet de sa secte, et qui était tout-puissant dans le pays, n'épargna rien pour empêcher la nomination de Foderé ; toutes les intrigues furent mises en jeu ; mais la science et la vertu l'emportèrent. Après un concours solennel, le docteur Foderé fut nommé à l'unanimité, le 12 février 1814.

Dès ce moment, partagé entre l'enseignement et son penchant pour les études de cabinet, la vie de Foderé ne fut plus qu'une suite non interrompue de travaux, et chaque année vit paraître une de ses productions.

Une épidémie de typhus venait d'exercer ses ravages dans le département, et l'on avait senti la pénurie de gens capables de soigner les malades. Le préfet demanda à la Faculté une instruction populaire sur ce sujet. Pour la rédiger, on créa une commission composée de MM. Lauth, Tourdes et Foderé. Après plusieurs réunions, ce dernier fut seul chargé de ce travail, qui a pour titre *Manuel des Gardes-Malades*, que le préfet, désireux d'en faire jouir le public, fit imprimer en 1814, pendant une absence de l'auteur. Une seconde édition de cet ouvrage parut en 1827. Il a été traduit et imprimé en plusieurs langues.

L'enseignement des maladies épidémiques, interrompu par la retraite du titulaire infirme, fut confié à Foderé en 1819. Aussitôt, faisant pour cette nouvelle chaire ce qu'il avait fait pour la médecine légale, sans se laisser rebuter par les difficultés que lui présentaient la multiplicité et l'incohérence des divers systèmes, il traita dans toutes ses parties cette immense matière, et donna au public, de 1822 à 1824, les quatre volumes intitulés : *Leçons sur les épidémies et l'hygiène publique.*

Foderé fit paraître en 1825 son *Essai historique et moral sur la pauvreté des nations.* Il y définit la richesse et le bonheur des peuples ; il y analyse l'état de l'agriculture, qui doit être la source de toute prospérité ; il y traite de la mendicité, cette lèpre des nations ; des hôpitaux, des enfants trouvés, etc. Cet ouvrage, rempli de vues les plus sages d'économie politique, et qui a obtenu les suffrages de l'Académie des sciences, a mérité à son auteur une lettre du pape Léon XII, dans laquelle le souverain pontife lui prodigue les éloges les plus gracieux. Ce même ouvrage avait aussi attiré les regards de divers monarques, et lui valut de la part de plusieurs d'entre eux des lettres de félicitation.

En 1826, à la suite d'une épidémie de variole, il composa un *Mémoire sur la Petite-Vérole vraie et fausse, sur la Vaccine et la Varicelle.*

En 1827, il examina de nouveau la question de *l'accouchement prématuré artificiel*, et dicta des règles sur cette pratique.

En 1828, il parut de lui un *Mémoire sur les Milliaires.*

En 1829, il fit imprimer un *Essai théorique et pratique de Pneumathologie humaine.*

L'invasion du *choléra-morbus* en France fut pour lui un nouveau sujet d'études, et il publia, en 1831, ses *Recherches historiques et critiques sur le Choléra-Morbus.*

En 1832, dans un opuscule intitulé : *Essai médico-légal sur les diverses espèces de Folies*, etc., il examina leur association avec les penchants au crime, et donna des règles pratiques sur l'application de la législation en cette matière.

La fécondité du génie de Foderé fut étonnante ; les œuvres que je viens de citer suffiraient pour illustrer plusieurs vies, et pourtant sa prodigieuse activité enfanta encore d'autres ouvrages ; il publia à différentes époques de sa vie ceux dont je vais indiquer les titres.

1° *Opuscule de Médecine philosophique et chimique.*

2° *Opuscule sur l'Épidémie de la Valentine.*

3° *Analyse de l'Eau thermale du Plan de Saly.*

4° *Recherches sur les succédanées du Quinquina, et en particulier sur l'Arséniate de Potasse.*

5° *Thèse de concours* De Infanticidio.

6° *Mémoire sur diverses Eaux minérales froides et thermales.*

7° *Mémoire sur la Suspension et l'Etranglement, et sur les Perforations de l'estomac.*

8° *Mémoires sur le Houblon, — les Plantes oléagineuses, — le Tabac, — les Puits artésiens, — les Eaux souterraines et les Inondations.*

Une partie des ouvrages que je viens de citer a été éditée deux ou trois fois, et plusieurs ont été traduits en diverses langues. En décembre 1842, on imprimait pour la seconde fois, en Autriche, son *Manuel du Garde-Malade.*

J'ai fait l'énumération des ouvrages de Foderé, mais il m'est impossible de faire celle de tous les articles détachés sortis de sa plume, qui formeraient plusieurs volumes, et que l'on rencontre dans les Mémoires de presque toutes les Académies, Sociétés savantes, et journaux de médecine. Il a donné en particulier de nombreux articles dans le *grand Dictionnaire des sciences médicales*, et dans le *Journal supplémentaire* de ce dictionnaire.

On trouve aussi dans le recueil des *Mémoires de l'Académie royale des sciences de Turin*, deux articles sur divers points de chimie, et dans le tome VII des

Mémoires de la Société royale académique de Savoie, publié en 1835, un travail jusque-là inédit et intitulé : *Recherches toxicologiques, médicales et pharmaceutiques sur la grande Ciguë; son analyse et expériences avec le produit immédiat de cette plante, appliqués à ce que l'on rapporte de la mort de Socrate.* Foderé, après avoir exposé les résultats de ses analyses et de ses expériences sur quelques animaux, conclut que c'est bien le suc de la grande ciguë qui a donné la mort à l'illustre maître de Platon.

Il reste de Foderé deux ouvrages inédits, savoir :

1° Un *Traité sur les Maladies de nerfs*, pouvant former deux volumes.

2° *Histoire critique et philosophique du genre humain*, pouvant former quatre volumes.

C'est le dernier ouvrage de Foderé ; il y travailla pendant bien des années, et depuis long-temps il était achevé ; mais chaque jour il en retouchait quelques chapitres. Il s'en occupa même le dernier jour de sa vie, et en dicta encore ce jour-là deux pages à sa fille aînée, Mme Pradier. L'auteur aimait tant cette œuvre, qu'il l'appelait *son enfant chéri*.

Les écrits de Foderé sont connus de tout le monde ; ils sont déjà jugés, la postérité les jugera encore ; et si ses convictions et ses doctrines ont rencontré des contradicteurs, les critiques les plus sévères n'ont pu lui refuser la solidité des préceptes et l'exactitude du raisonnement, des vues élevées et très-souvent nouvelles, une irréprochable probité scientifique, le plus grand désintéressement uni à une constante indépendance de caractère et à la plus ardente philantropie.

Observateur profond, s'arrêtant aux moindres phénomènes, il en recherchait les causes et l'origine. Avide jusqu'à la fin de ses jours de connaissances nouvelles, doué d'un esprit méditatif et d'une rare sagacité, dévoré surtout du besoin d'être utile, l'activité inépuisable de son cerveau semblait s'aviver avec l'âge. Il fuyait le repos et surtout les distractions. Tout le jour et bien avant dans la nuit, il composait, écrivait, dictait, ou se faisait lire tout ce qui paraissait. Avare de tous ses moments, semblable à l'abeille qui n'amasse ses trésors que pour les donner aux hommes, Foderé n'a cessé jusqu'à sa dernière heure d'entasser et de produire. Il regardait comme sa mission dans ce monde de soulager et d'éclairer ses semblables ; et cette mission il l'a fidèlement remplie.

« En récapitulant ses nombreux et importants tra-
« vaux, en mesurant cette carrière si bien, si utile-
« ment remplie, la postérité dira comme nous, qu'il
« augmenta la splendeur scientifique de la France,
« en devenant un de ses enfants. » (BÉGIN.)

Dans les voyages qu'il faisait pendant les vacances, comme dans les tournées qu'exigeaient les jurys médicaux dont il était le président, il remarquait, observait tout avec une parfaite exactitude. Il questionnait tout le monde, allant souvent à pied ou se plaçant dans les voitures publiques, et tous les jours il écrivait ou dictait à son fils aîné le résultat de ses remarques.

C'est en voyageant ainsi qu'il analysa les eaux thermales des Vosges et du pays de Bade ; qu'il visita, sans se faire connaître, les prisons, les dépôts de mendicité, les maisons d'aliénés et les hôpitaux.

Plein de zèle pour la réforme des abus, et les attaquant en leur donnant de la publicité, il provoqua dans plusieurs établissements de grandes améliorations. Quelques-uns furent construits d'après ses plans, et parmi ces derniers, on voit, dans le bel hospice des Enfants-Trouvés d'Arras, en témoignage de la reconnaissance des administrateurs, le portrait de Foderë en regard de celui de saint Vincent-de-Paule.

Sa bonhomie, sa simplicité, sa bienveillance lui gagnaient les cœurs de tous ceux qui l'approchaient.

Rien n'égala sa bonté et son affection pour sa famille. Celui dont l'amour du bien, les sentiments les plus purs et les principes religieux dirigèrent toute la vie, ne dut-il pas être bon époux et tendre père ? Aussi, son dévouement pour ses enfants alla jusqu'à l'entière abnégation de lui-même ; ses travaux, ses peines et ses veilles, il les rapporta toujours à leur bonheur et à leur avenir. De quelle amitié, de quels doux sentiments ne paya-t-il pas les soins et les affectueuses attentions de son épouse ! Et quand la cruelle mort vint lui ravir cette douce compagne de sa vie, la douleur, d'abord cachée sous les dehors de la résignation, mina de jour en jour cette belle existence : ses enfants le surprenaient souvent recueilli comme dans un culte de vénération devant l'image de celle qu'ils pleuraient tous. Je ne saurais mieux faire que de laisser parler ici sa fille aînée :

« Depuis la mort de notre mère, nous vîmes avec
« douleur que la résignation que notre père affectait
« n'était que simulée, et qu'il ne pouvait se consoler.
« Nous cachions le désespoir qui nous accablait, pour
« ne pas augmenter ses chagrins. Maman était si
« bonne, si belle, si digne d'être sa compagne !
« Malgré cela, il a continué ses travaux, et ce n'est
« que le 31 août, jour où l'école fut fermée, qu'il a
« avoué qu'il était malade. Depuis ce jour, il n'est
« plus sorti ; il commença alors à nous entretenir de
« sa mort, et nous dit qu'il mourrait en février,
« comme notre pauvre mère. »

L'amour du travail ne lui laissait aucun repos. Après ses leçons et ses visites à ses malades, il passait tout son temps à l'étude et à la composition. Il ne se couchait qu'à deux heures du matin et se levait avec le jour. A force de travail, il avait tellement affaibli sa vue, qu'il ne pouvait plus ni lire ni écrire. Depuis douze ans, sa fille aînée lui servait de secrétaire, et les trois autres lisaient sans cesse pour lui. Pendant sa maladie, qui a duré six mois, il n'a pas cessé de travailler nuit et jour ; on aurait cru que ses facultés intellectuelles avaient doublé de force. Voici encore comment M. Bégin s'exprime :

« Sa mémoire, dit-il, avait conservé une telle in-
« tégrité, une puissance si parfaite, qu'aux discus-
« sions de nos actes publics, il surprenait souvent et
« candidats et auditeurs, en citant les opinions émises
« avec *l'indication infaillible* des pages et des lignes,
« comme s'il pouvait parcourir à l'instant même la
« thèse, qu'il ne s'était cependant fait lire qu'une
« seule fois. »

Le docteur Foderé était, à Strasbourg, président de la Société de médecine, agriculture, belles-lettres et arts, président du Jury de médecine, vice-président du Conseil de salubrité publique, médecin du Collège royal, et inspecteur des médecins cantonnaux, institution qui lui est due, et que le département du Bas-Rhin possède seul en France.

Il était membre de presque toutes les Sociétés savantes ; nous nous bornerons à citer les principales : l'Académie royale des sciences de Turin, la Société royale académique de Savoie, les Académies et sociétés savantes de Toulouse, de Marseille, de la Moselle, de la Meuse ; les Académies des sciences et de médecine de Paris; la Société d'émulation de l'Ain, celle du Jura; les Sociétés médicales de Marseille, de Wurtemberg, de la Nouvelle-Orléans, de Philadelphie.

Malgré les services que Foderé avait rendus à la science et à l'humanité, il n'obtint jamais aucune distinction du gouvernement de sa patrie adoptive. Ce qui est plus surprenant et plus douloureux, c'est qu'on n'accorde aucun secours à ses enfants. L'une de ses filles exprimait ainsi ses justes plaintes : « Pu« bliez, Monsieur, que les filles de ce savant, qui a « sacrifié sa fortune et sa vie à l'accroissement de la « science, que ses filles n'ont aucun appui; et dites « surtout qu'elles en sont fières, car elles aiment mieux « être pauvres et porter le nom de Foderé, que de « vivre dans l'opulence, et de ne pouvoir se glorifier « des vertus de leur père. »

La mort de Foderé ne fut pas moins belle que sa vie. Dans cet instant suprême, il se rappelait ses nombreux et utiles travaux, et il envisageait l'avenir avec la foi et le calme du chrétien. On est touché jusqu'aux larmes en lisant ce qu'une de ces filles écrivait peu de temps après. « Jusqu'au dernier moment, disait-elle, « il a conservé toutes ses facultés; il nous a expliqué « ce que nous devions faire après lui, nous a bénis « tous six et nous a quittés pour toujours !!! Il a reçu « tous les sacrements sur son fauteuil, car il ne s'est

« jamais alité. Ah ! si vous aviez vu cet homme véné-
« rable, tenant son bonnet à la main, encourageant
« ses six enfants qui se désespéraient, nous indiquant
« lui-même ce qu'il fallait préparer pour cette au-
« guste cérémonie, ayant plus de courage et de force
« que nous tous : ce moment-là était l'image de sa
« vie! »

Le docteur Foderé mourut à Strasbourg le 4 février 1835, à 4 heures du matin, âgé de 71 ans.

La Faculté de médecine de Strasbourg lui rendit les honneurs funèbres dus à son rang et à ses mérites. M. Caillot, doyen de la Faculté, et un des élèves du défunt, prononcèrent des discours sur sa tombe.

Les cendres de Foderé reposent dans le cimetière de Ste.-Hélène à Strasbourg. Sa tombe est entourée d'une balustrade en bois peint. Dans l'intérieur croissent un saule, des cyprès et des rosiers plantés par les mains de ses enfants. Vers le milieu de l'enceinte s'élève une pierre tumulaire, sur laquelle on lit les inscriptions suivantes. La première a été composée par Foderé lui-même, qui la confia à son fils aîné, en juillet 1834, et la seconde est due à la piété de sa famille.

Sur le devant de la pierre on lit :

HIC JACET
MORTIS NUNQUAM IMMEMOR
ET NOVISSIMAM
EXPECTANS DIEM
FRANCISCUS EMANUEL
FODERE
DUM VIVERET
MEDICINÆ FORENSIS
ET EPIDEMIORUM
AUCTOR
ET PUBLICUS PROFESSOR.

Sur le derrière :

HOC
DILECTO PATRI
FILII ET FILIÆ
POSUERE MONUMENTUM
OBIIT MENSIS FEBRUARII
ANNO CHRISTI
MDCCCXXXV
DIE QUARTA
LXXI ANNOS NATUS.

Foderé conserva toute sa vie un grand attachement pour son pays natal ; toutes les fois qu'il en avait occasion, il en parlait avec le plus vif intérêt. Lorsque les habitants de la ville de St-Jean-de-Maurienne eurent manifesté les regrets que leur avait causé sa mort, Mlle Foderé me chargea en ces termes de leur témoigner sa vive reconnaissance. « Permettez-moi,
« Monsieur, de vous dire combien le témoignage de
« l'amour des habitants de St-Jean a été doux pour
« nous ; soyez, je vous prie, notre interprète auprès
« d'eux ; dites-leur que six pauvres orphelins bien
« malheureux les remercient du fond de leur cœur.
« Si l'âme de leur père peut avoir quelque connais-
« sance de ce qui se passe ici-bas, je suis bien sûre
« qu'elle s'en est réjouie, car il aimait tant son pays !
« Je l'ai vu mille fois tressaillir quand il entendait
« parler de la Savoie, et dans ses écrits il ne man-
« quait jamais de citer le lieu de sa naissance. »

Quelque temps après la publication de la notice nécrologique de Foderé, la ville de St-Jean a fait célébrer dans la cathédrale, le 30 avril 1835, un service funèbre solennel pour le repos de son âme. A cette fin, il avait été élevé dans l'avant-chœur de l'église un majestueux catafalque, sur lequel étaient déposés les attributs du doctorat, un volume in-folio de médecine, et aux quatre angles, les écussons de la Faculté.

A l'heure fixée, le son des cloches annonça l'auguste cérémonie, à laquelle se rendirent à l'envi les autorités ecclésiastiques, civiles et militaires, et les médecins de la ville. Parmi les assistants on distinguait les anciens amis et les condisciples du défunt. Ce qui est digne de remarque, l'absoute fut faite par le révérend prévôt du chapitre, M. l'abbé Personnaz, vieillard plus qu'octogénaire, qui fut autrefois le professeur de philosophie du jeune Foderé.

La Société linéenne et géographique de Leipsic, apprenant la mort de Foderé, décida qu'on donnerait son nom à la première fleur qu'on découvrirait, et qu'on l'appellerait *foderea*.

Glorieux de compter Foderé parmi ses compatriotes, le Conseil municipal de la ville de Saint-Jean prit, le 2 septembre 1842, une détermination à laquelle il fut incité par l'exemple que venait de lui donner la ville d'Annecy. Il délibéra qu'une souscription serait ouverte pour ériger un monument à la mémoire de son illustre concitoyen, et nomma une Commission chargée de tous les soins relatifs à cette érection.

L'empressement avec lequel on a souscrit pour le monument de Berthollet est un gage de celui avec lequel on souscrira pour celui de Foderé. Si l'un a concouru puissamment à fonder la chimie, l'autre fut le créateur de la médecine légale. L'un et l'autre ont brillé d'un vif éclat dans le monde savant, et méritent également que leur souvenir soit honoré dans leur patrie.

Nous pouvons croire au succès de cette entreprise, lorsque nous voyons avec quelle faveur ce projet a été accueilli dans plusieurs grandes villes de France. Le 3 octobre 1842, M. Fée, professeur à la Faculté de Strasbourg, annonça au congrès scientifique qui y était réuni, la décision prise par la patrie de Foderé. Le 14 décembre de la même année, M. le docteur Roux imita l'exemple de M. Fée, dans une séance publique de la Société royale de médecine de Marseille. L'appel fait par ces deux hommes distingués a été entendu, et déjà de nombreuses souscriptions en ont été la suite. L'Académie royale de médecine de Paris et la Société de médecine de Lyon, la première, sur la proposition de M. Orfila, et la seconde sur celle de M. Fournet, ont également ouvert des souscriptions dans leur sein.

Espérons que nos compatriotes manifesteront le même empressement et la même générosité, et qu'ils concourront avec joie à ce monument que la reconnaissance et l'amour de la patrie veulent élever.

Dans cette vue, la Commission publiera, par la voie des journaux du royaume, les noms des personnes chargées de recueillir les souscriptions. Elle fera insérer dans les mêmes journaux les noms, qualités et domicile des souscripteurs, et la somme qu'ils auront versée.

Les membres de la Commission sont :

MM. Mottard, D^r en médecine et chir., *président*.
Dupraz, docteur en médecine.
Grange, avocat, *caissier*.
Brunet (baron).
Albrieux (baron).
Ducruez, rentier.

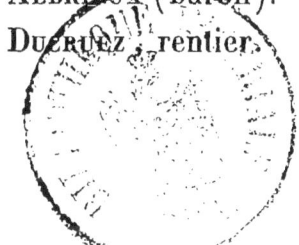

Avec permission.

www.ingramcontent.com/pod-product-compliance
Lightning Source LLC
Chambersburg PA
CBHW060525050426
42451CB00009B/1163